团 体 标 准

"美丽高速公路"管理服务指南

Management Service Guideline for Comfortable Expressway

T/CHTS 20008—2020

主编单位:杭州杭千高速公路发展有限公司
发布单位:中国公路学会
实施日期:2020 年 09 月 30 日

人民交通出版社股份有限公司

北 京

图书在版编目(CIP)数据

"美丽高速公路"管理服务指南：T/CHTS 20008—2020 / 杭州杭千高速公路发展有限公司主编. — 北京：人民交通出版社股份有限公司，2020.9

ISBN 978-7-114-16796-6

Ⅰ.①美… Ⅱ.①杭… Ⅲ.①高速公路—服务设施—交通运输管理—中国—指南 Ⅳ.①U491.8-62

中国版本图书馆 CIP 数据核字(2020)第 162934 号

标准类型：**团体标准**

"Meili Gaosu Gonglu" Guanli Fuwu Zhinan

标准名称：**"美丽高速公路"管理服务指南**
标准编号：**T/CHTS 20008—2020**
主编单位：杭州杭千高速公路发展有限公司
责任编辑：郭红蕊　韩亚楠
责任校对：孙国靖　扈　婕
责任印制：刘高彤
出版发行：人民交通出版社股份有限公司
地　　址：(100011)北京市朝阳区安定门外外馆斜街 3 号
网　　址：http://www.ccpcl.com.cn
销售电话：(010)59757973
总 经 销：人民交通出版社股份有限公司发行部
经　　销：各地新华书店
印　　刷：北京市密东印刷有限公司
开　　本：880×1230　1/16
印　　张：1.25
字　　数：27 千
版　　次：2020 年 9 月　第 1 版
印　　次：2020 年 9 月　第 1 次印刷
书　　号：ISBN 978-7-114-16796-6
定　　价：200.00 元

(有印刷、装订质量问题的图书由本公司负责调换)

中国公路学会文件

公学字〔2020〕56 号

中国公路学会关于发布
《"美丽高速公路"管理服务指南》的公告

现发布中国公路学会标准《"美丽高速公路"管理服务指南》(T/CHTS 20008—2020),自 2020 年 9 月 30 日起实施。

《"美丽高速公路"管理服务指南》(T/CHTS 20008—2020)的版权和解释权归中国公路学会所有,并委托主编单位杭州杭千高速公路发展有限公司负责日常解释和管理工作。

中国公路学会
2020 年 9 月 21 日

前　言

为进一步助推交旅融合发展,服务交通强国建设,营造"畅通、安全、舒适、美丽"的高速公路行车环境,指导"美丽高速公路"的管理与服务,制定本指南。

本指南按照《中国公路学会标准编写规则》(T/CHTS 10001)编写,主要内容包括总则、术语、基本要求、舒适、通畅、安全、便捷、规范经营。

本指南实施过程中,请将发现的问题和意见、建议反馈至杭州杭千高速公路发展有限公司(地址:杭州市西湖区之浦路700号-2;联系电话:0571-85116515;电子邮箱:56301643@qq.com),供修订时参考。

本指南由杭州杭千高速公路发展有限公司提出,受中国公路学会委托,由杭州杭千高速公路发展有限公司负责具体解释工作。

主编单位:杭州杭千高速公路发展有限公司

参编单位:中国公路学会、贵州省高速公路管理局、重庆高速公路集团有限公司

主要起草人:陈传良、巨荣云、朱骋、周竹、楼慧钧、张春伟、李佩、冯阳春、甘国新、王坚、陈华平、赵愉、傅林森、马新、李欢

主要审查人:王晓曼、叶慧海、衷平、姜友生、刘万能、徐海北、曲喆、周海涛、杨勇、韩亚楠

T/CHTS 20008—2020

目　次

1 总则 ··· 1
2 术语 ··· 2
3 基本要求 ··· 3
4 舒适 ··· 4
　4.1 绿化 ··· 4
　4.2 整洁 ··· 4
　4.3 行车 ··· 4
5 通畅 ··· 5
6 安全 ··· 6
　6.1 安全保障 ··· 6
　6.2 应急处置 ··· 6
7 便捷 ··· 7
　7.1 服务区 ··· 7
　7.2 收费站 ··· 7
　7.3 交通信息化 ··· 7
　7.4 投诉处理 ··· 7
8 规范经营 ··· 8
用词说明 ·· 9

"美丽高速公路"管理服务指南

1 总则

1.0.1 本指南适用于高速公路经营管理单位开展"美丽高速公路"的管理与服务。

1.0.2 "美丽高速公路"管理与服务除应符合本指南的规定外，尚应符合有关法律、法规及国家、行业现行有关标准的规定。

2 术语

下列术语和定义适用于本指南。

2.0.1 美丽高速公路 comfortable expressway

以驾乘人员需求为导向,舒适、通畅、安全、便捷、经济,驾乘人员体验感良好的高速公路。

2.0.2 设备完好率 perfectness ratio of equipment

正常使用的设备占全部设备的百分比。

3 基本要求

3.0.1 收费站车道应开尽开,ETC车道全部正常开启,可实现非现金快捷支付,满足车辆快速通行的需求。

3.0.2 高速公路养护作业应符合技术规范和作业规程。

3.0.3 高速公路各类设备应整洁、完好、无破损,完好率应达98%以上。

3.0.4 服务区建设宜结合地方特色,融合交通、生态、旅游、消费、文化等复合功能。

4 舒适

4.1 绿化

4.1.1 应根据地形、土质、气候环境和植物的生物学特性以及绿化的功能要求,结合地方道路绿化的特点,合理选择乔灌花草不同组合的绿化方式。

4.1.2 高速公路的绿化,应符合安全性、生态性、景观美学、地域特性和植物多样性原则。应定期进行修剪、整形、补植、扶正,以增加视觉舒适性;根据各类绿化植物病虫害发生、发展和传播蔓延的规律,及时采取相应防治措施,无明显死(枯)株、空白段,确保美观。

4.1.3 服务区、收费站等室内空间宜合理摆放绿植。

4.2 整洁

4.2.1 道路、中分带、边沟、路基边坡、收费站、服务区、停车区等应保持清洁,无明显垃圾;服务区、收费站应按所在地区要求实行垃圾分类。

4.2.2 各类交通安全设施、交通标志标线齐全、完好,维护到位,修复及时,无缺损、污浊、锈蚀、歪斜、遮挡、版面不清晰等现象。其他各类标志标牌(含非交通标志标牌)应保持干净,内容清晰、准确、易懂。各类隔声设施应确保外观整洁,无破损。

4.2.3 养护作业时应采取措施,控制扬尘;宜推行新工艺、新材料、新技术、新设备,提高道路服务质量。

4.2.4 服务区公共卫生间应清洁,地面无烟头、污渍、积水等,干湿分离、通风良好、无明显异味;设施设备外表应干净,无破损缺失,设置合理,美观适用。

4.3 行车

4.3.1 高速公路路面应无明显病害,行车平稳舒适安全。

4.3.2 服务区、停车区、收费站等公共区域照明正常,照明亮度应符合《公路照明技术条件》(GB/T 24969—2010)的相关规定。

4.3.3 服务区和停车区内的交通指引标志标线应设置合理、清晰明了。

4.3.4 饮用水水源保护区、自然保护区应有明显标志。

5 通畅

5.0.1 应合理安排道路养护施工计划、优化或整合施工作业内容,提升施工效率,尽量减少涉路作业对正常通行的影响,保持道路通畅。

5.0.2 对道路通行影响较大的养护施工、改扩建施工、重大社会活动等计划性事件信息应提前向社会公布;根据气象、事故、流量等情况,利用电子显示屏、手机短信、媒体宣传等手段,提前发布通行情况预告,做好交通诱导和预警,便于驾驶员提前规划行车路线。

5.0.3 服务区、停车区应实现分区停车,人车分离通行,加强区域内车辆通行的疏导,保证有序通行。

5.0.4 收费站入口应按交通运输部《收费公路联网收费运营和服务规程(2020)》的规定对货运车辆实施称重检测,拒绝违法超限超载车辆驶入高速公路。

5.0.5 收费站应制订保通保畅预案和应急处置方案,发生特情时,快速启动应急响应机制。

6 安全

6.1 安全保障

6.1.1 应通过交通运输企业二级安全生产标准化达标评审;按上级部门要求制订相关应急预案。

6.1.2 各类警示标和轮廓标等设施应齐全、醒目、完好;各类交通诱导标志应连贯、准确、合理。

6.1.3 道路作业的安全警告警示标志应醒目、明确、整洁、无破损,设置规范。

6.1.4 重点路段(易拥堵、事故多发)、长大桥隧、长下坡、避险车道等危险路段、枢纽(互通立交)、收费站等公共区域应实现监控全覆盖。

6.1.5 应加强收费站入口管控力度,配合交管部门进行交通管制。

6.1.6 应强化货车装载易洒落物的监管,及时清除各类路面障碍物,减少对交通的影响。

6.2 应急处置

6.2.1 道路救援应以安全、快速为原则,各路段根据实际制订响应的具体措施,应明确接警后的平均出车时间、平均到达时间和平均完成时间,提升救援服务水平。

6.2.2 应根据高速公路通行、流量状况,配备救援车辆、救援设备及巡查车辆,并设置相应的救援备勤点,提高救援效率。

6.2.3 应根据公路地域环境,配备适应汛期、低温、台风、雨雪冰冻等恶劣天气的设施设备及物资,在恶劣天气过后要尽快恢复交通。

7 便捷

7.1 服务区

7.1.1 服务区宜拓展应符合驾乘人员需求的服务项目。可结合沿线旅游特色，开展旅游宣传。

7.1.2 服务区应设置室内、室外休息区域，冬季为驾乘人员提供温度适宜的洗漱用水，有条件的可建设"司机之家"。

7.1.3 服务区标识应清晰、简明，可用双语标注，应设置无障碍停车位、无障碍通道、第三卫生间、母婴室等人性化服务设施。

7.1.4 应配合国家新能源政策的实施，做好服务区充电桩的建设和维护。

7.1.5 服务区宜引入多种餐饮服务，尽量满足不同人群消费需求。

7.1.6 应加强服务区常用服务设施的维护巡查，及时修复故障。

7.2 收费站

7.2.1 应在收费站与地方道路连接线处，设置指示标志或电子显示屏，做好通行引导。

7.2.2 收费员上岗操作时，应符合相关规范要求，全面推行"微笑服务"。

7.2.3 收费站向车辆进行语音提示时，应做到内容清晰准确。

7.2.4 收费站车道各类告示牌应按规范设置，临时性告示牌要保持整洁、内容清晰，并根据告示内容的时效性及时调整。

7.3 交通信息化

7.3.1 要及时、准确地将道路通行信息通过电子显示屏或其他信息发布平台向驾乘人员发布，并根据变化及时更新。

7.3.2 应在服务区进出通道、广场、停车区域、加油站、经营场所等区域设置监控设施，宜在服务区入口处实时发布服务区停车位剩余数信息。

7.4 投诉处理

7.4.1 在收费站、服务区醒目位置应公布监督电话、投诉电话，并通过网络公众号等方式受理用户的信访投诉。

7.4.2 客服工作人员接听电话，回答各类咨询应耐心、细致、准确。

7.4.3 对投诉情况应及时记录和处理，及时将处理结果反馈投诉人，应建立投诉处理回访机制，以提高投诉处理的满意率。

8 规范经营

8.0.1 应按国家政策要求,有效落实差异化收费、鲜活农产品运输绿色通道政策和重大节假日免收小型客车通行费政策,做到应收尽收、应免不收。

8.0.2 服务区、停车区可设置地方特产售展区域。

8.0.3 服务区、收费站、施救队等各类收费应明码标价。

用 词 说 明

1 本指南执行严格程度的用词,采用下列写法:
1) 表示严格,在正常情况下均应这样做的用词,正面词采用"应",反面词采用"不应"或"不得"。
2) 表示允许稍有选择,在条件许可时首先应这样做的用词,正面词采用"宜",反面词采用"不宜"。
3) 表示有选择,在一定条件下可以这样做的用词,采用"可"。
2 引用标准的用语采用下列写法:
1) 在标准条文及其他规定中,当引用的标准为国家标准或行业标准时,应表述为"应符合《××××××》(××××)的有关规定"。
2) 当引用标准中的其他规定时,应表述为"应符合本指南第×章的有关规定""应符合本指南第×.×节的有关规定""应按本指南第×.×.×条的有关规定执行"。